Szenen
einer Ehe

in Wort und Bild
von
Loriot

Diogenes

Die Erstausgabe der
vorliegenden Auswahl aus
›Dramatische Werke‹, ›Heile Welt‹,
›Großer Ratgeber‹
und ›Kinder für Anfänger‹
erschien 1983
im Diogenes Verlag

Inhalt

Silvester

Ein Monolog

SIE Also, Hermann, du kannst dich über das alte Jahr nun wirklich nicht beklagen. Als die Waschmaschine kaputtging, waren wir sehr froh, daß wir uns endlich eine neue anschaffen konnten. Und wenn mir der Fernsehapparat nicht runtergefallen wäre, hätten wir heute immer noch kein Farbgerät.

Dann haben wir auch für den Mercedes sehr günstige Abzahlungsbedingungen bekommen, bloß weil ich mit dem Vertreter die zwei Wochen nach Paris gefahren bin.

Und es war ja ein Glück, daß dir der Führerschein für zwei Jahre entzogen worden ist. Jetzt trinkst du wenigstens nicht mehr, und ich brauche den Wagen sowieso dauernd, wenn ich zum Reiten muß oder in den Tanzkurs.

Und stell dir bitte vor, *ich* hätte das Magengeschwür bekommen und nicht du! Wer hätte wohl die ganzen Stellungsgesuche schreiben sollen, seit du Pleite gemacht hast!

Und außerdem hat deine Frau in die Scheidung eingewilligt, und wir können jetzt endlich heiraten. Ich weiß wirklich nicht, was du hast.

Garderobe

Sie sitzt vor ihrer Frisiertoilette und dreht sich die Lockenwickler aus dem Haar. Er steht nebenan im Bad und bindet sich seine Smokingschleife.

SIE Wie findest du mein Kleid?

ER Welches . . .

SIE . . . das ich anhabe . . .

ER Besonders hübsch . . .

SIE . . . oder findest du das Grüne schöner . . .

ER Das Grüne?

SIE Das Halblange mit dem spitzen Ausschnitt . . .

ER Nein . . .

SIE Was . . . nein?

ER Ich finde es nicht schöner als das, was du anhast . . .

SIE Du hast gesagt, es stünde mir so gut . . .

ER Ja, das steht dir gut . . .

SIE Warum findest du es dann nicht schöner?

ER Ich finde das, was du anhast, sehr schön, und das andere steht dir auch gut . . .

SIE Ach! Dies hier steht mir also nicht so gut!?

ER Doch . . . auch . . .

SIE Dann ziehe ich das lange Blaue mit den Schößchen noch mal über . . .

ER Ah-ja . . .

SIE . . . oder gefällt dir das nicht?

ER Doch . . .

SIE Ich denke, es ist dein Lieblingskleid . . .

ER Jaja!

SIE Dann gefällt es dir doch besser als das, was ich anhabe und das halblange Grüne mit dem spitzen Ausschnitt . . .

ER Ich finde, du siehst toll aus in dem, was du anhast!

SIE Komplimente helfen mir im Moment überhaupt nicht!

ER Gut . . . dann zieh das lange Blaue mit den Schößchen an . . .

SIE Du findest also gar nicht so toll, was ich anhabe . . .

ER Doch, aber es gefällt dir ja scheinbar nicht . . .

SIE Es gefällt mir nicht? Es ist das Schönste, was ich habe!!

ER Dann behalte es doch an!

SIE Eben hast du gesagt, ich soll das lange Blaue mit den Schößchen anziehen . . .

ER Du kannst das lange Blaue mit den Schößchen anziehen oder das Grüne mit dem spitzen Ausschnitt oder das, was du anhast . . .

SIE Aaha! Es ist dir also völlig *wurst*, was ich anhabe!

ER Dann nimm das Grüne, das wunderhübsche Grüne mit dem spitzen Ausschnitt . . .

SIE Erst soll ich *das* hier anbehalten . . . dann soll

ich das Blaue anziehen . . . und jetzt auf einmal das Grüne?!

ER Liebling, du kannst doch . . .

SIE *(unterbricht)* . . . Ich kann mit dir über Atommüll reden, über Ölkrise, Wahlkampf und Umweltverschmutzung, aber über . . . *nichts* . . . *Wichtiges!!*

EINST   JETZT

Damen wollen umworben sein. Links im Bilde: Artigkeiten vergangener Tage, die durch ihre Einfallslosigkeit überraschen. Unmißverständliche Sympathie dagegen zeigt sich im Verhalten des Herrn rechts. Tatkraft, gepaart mit Phantasie, ist eines der vornehmsten Merkmale des Kavaliers alter Schule.

(Beachten Sie den Ausdruck glücklichen Stolzes im Auge der Dame.)

Aufbruch

Das Ehepaar sitzt festlich gekleidet im Wohnzimmer.
Er liest. Sie lackiert sich die Fingernägel.

ER Liebling, wann müssen wir im Konzert sein?

SIE Um acht . . .

ER Wenn wir nicht hetzen wollen, müssen wir jetzt das Haus verlassen . . .

SIE Ich bin fertig!

ER Dann können wir ja gehen . . .

SIE Ja . . . und *bitte versprich* mir, daß du heute abend nicht wieder über Politik redest . . .

ER Ich? . . . Über Politik?

SIE Versprich es mir . . .

ER Jaja, aber du weißt doch, daß ich jede politische Meinung respektiere . . .

SIE Und wenn Doktor Blöhmeier wieder davon anfängt und sagt, daß . . .

ER Von dieser CDU-Flasche *lasse* ich mir nichts sagen . . .

SIE Unterhalte dich lieber mit dem netten Fräulein Zapf . . .

ER Nett? . . . Das ist eine knallrote SPD-Schnepfe . . . mit Basisarbeit und so . . . die legt sich doch immer an mit diesen Pfeifen von der FDP und den Grünen und dem anderen Gemüse . . .

SIE Liebling, eben *weil* du keine politische Meinung *hast*, behalte sie doch lieber für *dich* . . .

ER Ich . . . ich habe keine politische Meinung? Liebes Kind, ich bin gottseidank kein Politiker, ich leite eine Waschmittel-Generalvertretung . . . aber ich habe saubere, klar umrissene politische Ansichten!

SIE Ja, mein Schatz . . .

ER Ich mache dieses Affentheater einfach nicht mehr mit . . .

SIE Ja, mein Schatz . . .

ER Und das stecke ich heute abend der sauberen Gesellschaft!

SIE Ja, mein Schatz . . .

ER Also können wir gehen?

SIE Jaaa . . .

ER Und warum kommst du nicht?

SIE Weil du da noch liest . . .

ER Ich lese hier nur, weil du deine Fingernägel lackierst . . .

SIE Solange du da noch liest, kann ich mir wohl meine Fingernägel lackieren . . .

ER Solange du deine Fingernägel lackierst, kann ich wohl noch lesen . . .

SIE Wie spät ist es denn?

ER Halb acht . . .

SIE In einer halben Stunde fängt das Konzert an . . .

ER Ja . . .

SIE Aber du möchtest eben lieber noch lesen . . .

ER Ich möchte eben *nicht* lieber noch lesen!

SIE Du weißt ja auch nicht, was du willst . . .
    (Pause)

SIE Karl-Heinz!

ER Ja . . .

SIE Ich wollte nur sagen: an *mir* liegt es *nicht*!

ER Also dann gehen wir, und zwar sofort . . .

SIE Möchtest du, daß deine Frau heute abend ei-
    nigermaßen hübsch aussieht?

ER Ja . . .

SIE Dann . . . hetz . . . mich . . . nicht!

ER Mooment! . . . Ich habe gesagt, daß wir jetzt
    das Haus verlassen müssen, wenn wir nicht
    hetzen wollen . . . und da hast du gesagt, daß
    du fertig wärst, und da habe ich gefragt,
    warum wir nicht gehen, und dann hast du
    gesagt, daß du nur wartest, bis ich aufstehe,
    und da habe ich gesagt, daß ich so lange sitzen
    bleibe, bis du fertig bist . . . ich hetze dich also
    eben *nicht*!

SIE Warum bist du denn so gereizt?

ER Gereizt? Hahaha! Ich bin nur immer wieder
    überrascht von der Tatsache, daß Frauen den
    Sinn für einfache, klare Zusammenhänge of-
    fensichtlich verloren haben!

SIE Aha!?

ER Sie wissen eigentlich nie, worum es geht!

SIE Jetzt geht es zum Beispiel darum, daß wir pünktlich ins Konzert kommen . . .

ER Nein, darum geht es eben *nicht*! Es geht um die Frage, warum Frauen am Kern einer Sache grundsätzlich vorbeidiskutieren!

SIE Männer und Frauen passen einfach nicht zusammen . . .

»Ich glaube, du hast ihm zu wenig
Trinkgeld gegeben.«

Geigen und Trompeten

SIE Karl-Heinz . . .

ER Ja . . .

SIE Können Geiger eigentlich nur geigen und Trompeter nur blasen?

ER Mja . . .

SIE Ist das nicht sehr eintönig?

ER Musiker sind mit ihren Instrumenten verheiratet . . .

SIE Aber sie könnten doch auch mal mit den Instrumenten ihrer Kollegen spielen . . .

ER Theoretisch schon . . .

SIE Praktisch auch . . .

ER Meinetwegen kann ein Trompeter auch mal praktisch in eine Geige blasen . . .

SIE Ich möchte, daß du meine Frage ernst nimmst!

ER Ja . . .

SIE Warum sagst du dann, es wäre praktisch, in eine Geige zu blasen?!

ER Ich habe gesagt, es wäre möglich . . .

SIE Es wäre nämlich einfach unpraktisch . . .

ER Es wäre unpraktisch, aber nicht unmöglich . . .

SIE Kein Geiger würde einen Trompeter in seine Geige blasen lassen . . .

ER Neinnein . . . aber theoretisch wäre es natürlich möglich . . .

SIE . . . aber praktisch eben nicht!

ER Wenn ein Trompeter in eine Geige bläse, dann
bliese er *praktisch* . . . wenn er *theoretisch* bliese,
dann bläse er *nicht*!

SIE Er bläst also nur, wenn er praktisch bliese . . .

ER Jaja, aber ein Trompeter bläst nun mal nur
theoretisch in eine Geige!

SIE Warum gibst du nicht einfach zu, daß ein
Trompeter niemals in eine Geige bläst?

ER Mein Gott, weil ein Trompeter theoretisch in
eine Geige blasen *könn* . . . *tee*, auch wenn er
praktisch dazu keine Gelegenheit *hät* . . . *tee*!

SIE Also, ich gehe in kein Konzert mehr, wenn ich
darauf gefaßt sein muß, daß plötzlich ein
Trompeter – theoretisch oder praktisch – in
eine Geige bliese.

ER Liebchen, kein Trompeter wird je in eine
Geige blasen . . .

SIE Ach, auf einmal . . .!

Das flegelhafte Drängeln durch besetzte Reihen läßt mangelhafte Kinderstube und Unkenntnis in technischen Dingen vermuten. Durch leichtes An-heben der Klappsitze werden Sie ohne die üblichen Belästigungen rasch Ihren Platz erreichen.

Das Ei

Das Ehepaar sitzt am Frühstückstisch. Der Ehemann hat sein Ei geöffnet und beginnt nach einer längeren Denkpause das Gespräch.

ER Berta!

SIE Ja . . .

ER Das Ei ist hart!

SIE *(schweigt)*

ER Das Ei ist hart!

SIE Ich habe es gehört . . .

ER Wie lange hat das Ei denn gekocht . . .

SIE Zu viel Eier sind gar nicht gesund . . .

ER Ich meine, wie lange dieses Ei gekocht hat . . .

SIE Du willst es doch immer viereinhalb Minuten haben . . .

ER Das weiß ich . . .

SIE Was fragst du denn dann?

ER Weil dieses Ei nicht viereinhalb Minuten ge- kocht haben *kann!*

SIE Ich koche es aber jeden Morgen viereinhalb Minuten!

ER Wieso ist es dann mal zu hart und mal zu weich?

SIE Ich weiß es nicht . . . ich bin kein Huhn!

ER Ach! . . . Und woher weißt du, wann das Ei gut ist?

SIE Ich nehme es nach viereinhalb Minuten heraus, mein Gott!

ER Nach der Uhr oder wie?

SIE Nach Gefühl ... eine Hausfrau hat das im Gefühl ...

ER Im Gefühl? ... Was hast du im Gefühl?

SIE Ich habe es im Gefühl, wann das Ei weich ist ...

ER Aber es ist hart ... vielleicht stimmt da mit deinem Gefühl was nicht ...

SIE Mit meinem Gefühl stimmt was nicht? Ich stehe den ganzen Tag in der Küche, mache die Wäsche, bring deine Sachen in Ordnung, mache die Wohnung gemütlich, ärgere mich mit den Kindern rum, und du sagst, mit meinem Gefühl stimmt was nicht?

ER Jaja ... jaja ... jaja ... wenn ein Ei nach Gefühl kocht, dann kocht es eben nur *zufällig* genau viereinhalb Minuten!

SIE Es kann dir doch ganz egal sein, ob das Ei *zufällig* viereinhalb Minuten kocht ... Hauptsache, es *kocht* viereinhalb Minuten!

ER Ich hätte nur gern ein weiches Ei und nicht ein *zufällig* weiches Ei! Es ist mir egal, wie lange es kocht!

SIE Aha! Das ist dir egal ... es ist dir also egal, ob ich viereinhalb Minuten in der Küche schufte!

ER Nein-nein ...

SIE Aber es ist *nicht* egal . . . das Ei *muß* nämlich
viereinhalb Minuten kochen . . .

ER Das habe ich doch gesagt . . .

SIE Aber eben hast du doch gesagt, es ist dir egal!

ER Ich hätte nur gern ein weiches Ei . . .

SIE Gott, was sind Männer primitiv!

ER *(düster vor sich hin)* Ich bringe sie um . . . morgen bringe ich sie um . . .

Vom Standpunkt des Eies aus betrachtet, werden die Osterfeiertage gerade in bürgerlichen Kreisen immer noch zu leicht genommen.

Feierabend

Bürgerliches Wohnzimmer. Der Hausherr sitzt im Sessel, hat das Jackett ausgezogen, trägt Hausschuhe und döst vor sich hin. Hinter ihm ist die Tür zur Küche einen Spalt breit geöffnet. Dort geht die Hausfrau emsiger Hausarbeit nach. Ihre Absätze verursachen ein lebhaftes Geräusch auf dem Fliesenboden.

SIE Hermann . . .

ER Ja . . .

SIE Was machst du da?

ER Nichts . . .

SIE Nichts? Wieso nichts?

ER Ich mache nichts . . .

SIE Gar nichts?

ER Nein . . .
   (Pause)

SIE Überhaupt nichts?

ER Nein . . . ich *sitze* hier . . .

SIE Du *sitzt* da?

ER Ja . . .

SIE Aber irgendwas *machst* du doch?

ER Nein . . .
   (Pause)

SIE *Denkst* du irgendwas?

ER Nichts Besonderes . . .

SIE Es könnte ja nicht schaden, wenn du mal etwas spazierengingest . . .

ER Nein-nein . . .

SIE Ich bringe dir deinen Mantel . . .

ER Nein danke . . .

SIE Aber es ist zu kalt ohne Mantel . . .

ER Ich gehe ja nicht spazieren . . .

SIE Aber eben wolltest du doch noch . . .

ER Nein, *du* wolltest, daß ich spazierengehe . . .

SIE Ich? *Mir* ist es doch völlig egal, ob *du spazieren-*
gehst . . .

ER Gut . . .

SIE Ich meine nur, es könnte dir nicht schaden,
wenn du mal spazierengehen würdest . . .

ER Nein, *schaden* könnte es nicht . . .

SIE Also was willst du denn nun?

ER Ich möchte hier sitzen . . .

SIE Du kannst einen ja wahnsinnig machen!

ER Ach . . .

SIE Erst willst du spazierengehen . . . dann wieder
nicht . . . dann soll ich deinen Mantel holen . . . dann wieder nicht . . . was denn nun?

ER Ich möchte hier sitzen . . .

SIE Und jetzt möchtest du plötzlich da sitzen . . .

ER Gar nicht plötzlich . . . ich wollte immer nur
hier sitzen . . . und mich entspannen . . .

SIE Wenn du dich wirklich *entspannen* wolltest,
würdest du nicht dauernd auf mich *ein-
reden* . . .

ER Ich sag ja nichts mehr . . .

(*Pause*)

SIE Jetzt hättest du doch mal Zeit, irgendwas zu tun, was dir Spaß macht . . .

ER Ja . . .

SIE Liest du was?

ER Im Moment nicht . . .

SIE Dann lies doch mal was . . .

ER Nachher, nachher vielleicht . . .

SIE Hol dir doch die Illustrierten . . .

ER Ich möchte erst noch etwas hier sitzen . . .

SIE Soll *ich* sie dir holen?

ER Nein-nein, vielen Dank . . .

SIE Will der Herr sich auch noch bedienen lassen, was?

ER Nein, wirklich nicht . . .

SIE Ich renne den *ganzen Tag* hin und her . . . Du könntest doch wohl *einmal* aufstehen und dir die Illustrierten holen . . .

ER Ich möchte jetzt nicht lesen . . .

SIE Dann quengle doch nicht so rum . . .

ER (*schweigt*)

SIE Hermann!

ER (*schweigt*)

SIE Bist du taub?

ER Nein-nein . . .

SIE Du tust eben *nicht*, was dir Spaß macht . . . statt dessen *sitzt* du da!

ER Ich sitze hier, *weil* es mir Spaß macht . . .

31

SIE Sei doch nicht gleich so aggressiv!

ER Ich bin doch nicht aggressiv . . .

SIE Warum schreist du mich dann so an?

ER *(schreit)* . . . Ich schreie dich nicht an!!

Kochen, Putzen, Haushaltssorge sind ihr einziger und eigentlicher Beruf.

Fernsehabend

Ein Ehepaar sitzt vor dem Fernsehgerät. Obwohl die Bildröhre ausgefallen ist und die Mattscheibe dunkel bleibt, starrt das Ehepaar zur gewohnten Stunde in die gewohnte Richtung.

SIE Wieso geht der Fernseher denn grade heute kaputt?

ER Die bauen die Geräte absichtlich so, daß sie schnell kaputtgehen . . .
(Pause)

SIE Ich muß nicht unbedingt fernsehen . . .

ER Ich auch nicht . . . nicht nur, weil heute der Apparat kaputt ist . . . ich meine sowieso . . . ich sehe sowieso nicht gern Fernsehen . . .

SIE Es ist ja auch wirklich nichts im Fernsehen, was man gern sehen möchte . . .
(Pause)

ER Heute brauchen wir Gott sei Dank überhaupt nicht erst in den blöden Kasten zu gucken . . .

SIE Nee . . . *(Pause)* . . . Es sieht aber so aus, als ob du hinguckst . . .

ER Ich?

SIE Ja . . .

ER Nein . . . ich sehe nur ganz allgemein in diese Richtung . . . aber du guckst hin . . . Du guckst da immer hin!

SIE Ich? Ich gucke da hin? Wie kommst du denn darauf?

ER Es sieht so aus . . .

SIE Das *kann* gar nicht so aussehen . . . ich gucke nämlich vorbei . . . ich gucke *absichtlich* vorbei . . . und wenn du ein kleines bißchen mehr auf mich achten würdest, hättest du bemerken können, daß ich absichtlich vorbeigucke, aber du interessierst dich ja überhaupt nicht für mich . . .

ER *(fällt ihr ins Wort)* Jaaa . . . jaaa . . . jaaa . . . jaaa . . .

SIE Wir können doch einfach mal ganz woanders-hin gucken . . .

ER Woanders? . . . Wohin denn?

SIE Zur Seite . . . oder nach hinten . . .

ER Nach hinten? Ich soll nach hinten sehen? . . . Nur weil der Fernseher kaputt ist, soll ich nach hinten sehen? Ich laß mir doch von einem Fernsehgerät nicht vorschreiben, wo ich hinsehen soll!

(Pause)

SIE Was wäre denn heute für ein Programm gewesen?

ER Eine Unterhaltungssendung . . .

SIE Ach . . .

ER Es ist schon eine Un-ver-schämtheit, was einem so Abend für Abend im Fernsehen geboten wird! Ich weiß gar nicht, warum man sich das überhaupt noch ansieht! . . . Lesen könnte man statt dessen, Kartenspielen oder ins Kino gehen . . . oder ins Theater . . . statt dessen sitzt man da und glotzt auf dieses blöde Fernsehprogramm!

SIE Heute ist der Apparat ja nu kaputt . . .

ER Gott sei Dank!

SIE Ja . . .

ER Da kann man sich wenigstens mal unterhalten . . .

SIE Oder früh ins Bett gehen . . .

ER Ich gehe nach den Spätnachrichten der Tagesschau ins Bett . . .

SIE Aber der Fernseher ist doch kaputt!

ER *(energisch)* Ich lasse mir von einem kaputten Fernseher nicht vorschreiben, wann ich ins Bett zu gehen habe!

. . . wenn Sie das nicht mehr wissen, kaufen Sie sich
einfach eine Illustrierte.

Herrenmoden

Das Ehepaar betritt ein Herrenausstattungsgeschäft und wendet sich an einen Herrn, den es für den Verkäufer hält.

GATTIN   Mein Mann ist etwas voll in den Hüften, mit ziemlich kurzen Armen . . .

HERR   *(mustert den Gatten kurz)* . . . Das tut mir sehr leid . . . *(nimmt eine große Tragetüte und verläßt den Laden)*

VERKÄUFER I   *(tritt von hinten auf das Ehepaar zu)* Womit kann ich dienen?

GATTIN   Wir suchen einen Anzug für meinen Mann, Größe 52, etwas voll in den Hüften . . .

GATTE   Jaja . . .

GATTIN   . . . mit ziemlich kurzen Armen . . .

VERKÄUFER I   Ich zeig Ihnen mal was . . . Wenn Sie inzwischen Platz nehmen wollen . . .

GATTIN   *(zum Gatten)* Hast du frische Wäsche an? Mein Gott, laß doch deine Nase in Ruhe!

VERKÄUFER I   *(kommt mit mehreren Anzügen)* Wenn Sie hier mal reinschlüpfen wollen . . . *(reißt den Vorhang einer*

Kabine auf, ein Kunde in Unterwäsche wird kurz sichtbar. Der Verkäufer reißt den Vorhang wieder zu, öffnet die nächste Kabine und hängt den Anzug hinein)

GATTE *(verschwindet in der Kabine)*

GATTIN *(nimmt Kölnisch Wasser aus ihrer Handtasche, betupft sich die Ohrläppchen, steckt es wieder ein)* Mein Mann braucht eigentlich gar keinen Anzug. Zu Hause trägt er Strickwesten, dann hat er den, den er anhat, und fürs Büro hat er einen dunkelgrauen . . . der ist noch tadellos . . .

VERKÄUFER I Gnä' Frau, bevor Sie unsere neuen Herbstmodelle nicht gesehen haben . . .

GATTE *(kommt aus der Kabine mit zu kleinem Jackett und viel zu kurzer Hose. Aus dem Kragen und von den Knöpfen baumeln Preisschilder und Gütesiegel)*

VERKÄUFER I *(streicht an ihm herum)* Das ist die Herbstmode! Gefällig in der Form . . . sportlich im Schnitt . . . Pariser Maßkonfektion . . .

GATTE . . . müssen die Hosen so sein?

VERKÄUFER I Die modische Hose trägt man jetzt kürzer . . . und im Gebrauch *fällt* sie ja noch . . . darf ich mal? *(zieht die Hose mit kräftigem Ruck nach unten, so daß sie extrem tief sitzt)* . . . Sehen Sie!

GATTIN *(betrachtet den Gatten mit schiefem Kopf)* Beweg dich doch mal . . .

GATTE *(geht auf und ab)*

VERKÄUFER I Die Hose sitzt angenehm knapp im Schritt und ist ausgesprochen gesäßfreundlich . . .

GATTE Das tragen jetzt alle Herren in Paris?

VERKÄUFER I Wer sich's leisten kann . . .

GATTE Ach . . .

GATTIN Ja . . . *so* sieht es gut aus, aber wenn er erst wieder seine Taschen vollstopft . . .

VERKÄUFER I Gnä' Frau, die Brustpartie ist beidseitig mit Steifleinen verarbeitet . . . da können Sie unterbringen, was Sie wollen . . .

GATTIN Steck doch mal die Brieftasche rein . . . und die Schlüssel . . .

GATTE Moment . . . *(greift in eine falsche Kabine)*

STIMME AUS DER KABINE Kann ich Ihnen behilflich sein?

GATTE Nein danke . . .! *(holt Brieftasche und*

43

	Schlüssel aus der eigenen Kabine und steckt sie ein)
GATTIN	Er sieht aus wie eine Wurst . . .
VERKÄUFER I	Aber nicht schlecht, gnä' Frau . . . *(wieder zum Gatten)* Und was halten Sie von einem schottischen Kammgarn-Mohair . . . mit englischer Webkante . . . *(zeigt ein kariertes Jackett)* wenn Sie da mal reinschlüpfen wollen?
GATTE	*(wechselt das Jackett)* . . . Moment! . . . *(steckt Brieftasche um)*
VERKÄUFER I	Das ist der klassische Schnitt! Er schmeichelt auch Ihrem Gatten in der Hüftpartie . . .
GATTIN	Neinnein . . .
GATTE	Nein . . . *(zieht es aus)*
VERKÄUFER I	*(mit neuem Jackett)* . . . oder hier die gleiche Qualität im Jet-Design . . .
GATTE	Im was? *(wechselt das Jackett, ohne die Brieftasche umzustecken)*
VERKÄUFER I	Sie erkennen es am Doppelfaden in der Knopfloch-Verarbeitung . . .
GATTE	Ach ja . . .
GATTIN	*(betrachtet ihn und schüttelt den Kopf)*
VERKÄUFER I	*(reicht ihm die Hose)* . . . und das Beinkleid . . .

GATTE (*macht Anstalten, die Hose auszu-
ziehen*)

VERKÄUFER I (*zeigt auf die Kabine*) Bitte schön . . .

GATTE Ach so . . . (*geht*)

GATTIN Wir wollten ja eigentlich gar keinen Anzug kaufen. Er hätte Wäsche viel nötiger . . .

VERKÄUFER I So . . .

GATTIN . . . Sie sollten sich mal seine Unter-
hosen ansehen . . . man glaubt es
einfach nicht, wenn man's nicht gesehen hat . . .

GATTE (*erscheint mit zu weitem Jackett und
überlanger Hose*)

VERKÄUFER I Das ist reine Schurwolle . . . Kunst-
faser verstärkt . . . sehr dankbar im
Tragen . . . (*greift an ihm herum*)

GATTIN Aber die Hose steht unten so auf . . .

VERKÄUFER I Man trägt das Beinkleid jetzt gern
etwas reichlicher . . . es hebt sich ja
auch noch durch das Eintragen der
Sitzfalte im Knie . . . darf ich
mal? . . . (*zieht die Hose gewaltsam
nach oben*)

VERKÄUFER II Darf ich mal den Kammgarn-
Mohair haben? (*greift nach dem
Jackett, in das der Gatte seine Brief-
tasche gesteckt hat*)

VERKÄUFER I	Bitte sehr . . .
GATTIN	Geh doch mal ein bißchen . . . und laß deine Nase in Ruhe . . .
GATTE	*(geht durch den Laden)*
VERKÄUFER I	Einfach schick!
GATTE	*(stolpert mit seiner langen Hose, hält sich an einem Herrn fest)* . . . Entschuldigen Sie . . . das kommt von meiner Hose . . .
HERR	*(mustert ihn scharf)*
GATTIN	Was machst du denn da?
VERKÄUFER I	*(mit neuem Sakko)* . . . Das ist ein *ganz leichter* Tropical im Golf-Schnitt . . . schlüpfen Sie da mal rein? Das wird *sehr* gern genommen . . .
GATTIN	. . . Nimm die Brieftasche raus!
GATTE	*(greift in das große Jackett)* . . . Da ist sie nicht . . .
VERKÄUFER I	*(fingert herum)* . . . Schick!
GATTE	Sie *muß* da sein!
VERKÄUFER I	Einfach schick!
GATTIN	Ich kann nicht mehr!
VERKÄUFER I	Ich könnte Ihnen auch noch etwas in Tweed zeigen . . .
GATTE	Ich hatte es in dieses karierte Jackett gesteckt . . .
GATTIN	. . . und die Schlüssel?

GATTE   Die hab ich in der Hose . . . *(greift in die Hosentasche)* . . . Nee!

GATTIN Ich kann nicht mehr!
(Ein Kunde mit kariertem Jackett betritt den Laden, seine Frau folgt ihm)

GATTE   Da! *(greift dem Herrn erst ins Jackett und dann in die Hose)* . . . Entschuldigen Sie . . .

KUNDE   *(geniert)* . . . Lassen Sie das doch!

GATTE   Ich will nur die Brieftasche und die Autoschlüssel . . .

KUNDE   Was?! . . . Jutta!

GATTE   *(sucht weiter)* . . . Ich muß darauf bestehen . . .

KUNDE   . . . Jutta!

GATTE   Ich habe alles hier reingesteckt!

JUTTA   *(tritt dazu)* Was haben Sie wo reingesteckt?!

GATTE   Alle meine Sachen habe ich hier reingesteckt!

JUTTA   In die Hose von meinem Mann?!

KUNDE   Das müßte ich doch gemerkt haben, mein Gott!

GATTE   *(sieht einen Herrn, der auch ein kariertes Jackett anprobiert)* . . . Moment! . . . *(geht hin)* . . . Entschuldigen Sie, ich hätte gern meine Brieftasche . . . und meinen Personalausweis . . .

HERR (*sieht ihn starr an*)

GATTE Wenn ich mal so frei sein darf... (*greift ihm in eine Brusttasche*)

HERR (*leise, aber bestimmt*) ... Nehmen Sie die Hand aus meinem Jackett!

GATTE ... und meine Autoschlüssel? Entschuldigen Sie ... (*greift ihm in die Hose*)

HERR Nehmen Sie die Hand aus meiner Hose!

GATTIN (*stürzt sich auf Verkäufer III, der ein kariertes Jackett und mehrere Anzüge auf dem Arm trägt*) ... Hier, Herbert ... hier!

GATTE (*hält eine Brieftasche hoch, die ihm nicht gehört*) ... Ich hab sie ...!

GATTIN (*die in das karierte Jackett auf dem Arm des Verkäufers III gegriffen und die Brieftasche gefunden hat*) ... Ich auch!

GATTE (*gibt verlegen dem Herrn seine Brieftasche zurück*)

GATTIN (*hat in eine Hose gegriffen*) ... und die Schlüssel ...!

VERKÄUFER I (*kommt mit weiteren Jacketts*) ... Ich habe hier noch eine erstklassige italienische Ware ... Perlon verstärkt ... mit Gesäßfalte ... trage ich selbst gern ...

GATTIN Neinnein . . . ich glaube, wir nehmen diesen . . . *(zeigt auf den Gatten)*

VERKÄUFER I Gern . . . da sind Sie hervorragend
bedient . . . möchten Sie ihn gleich
anbehalten?

GATTE *(nach Blick auf Gattin)* . . . Ja-
wohl . . .

GATTIN . . . Und die Hose hebt sich noch im
Schritt?

VERKÄUFER I Im Knie, gnä' Frau . . . im Knie . . .
durch das Eintragen der Sitzfalte
(hockt sich hin) . . . hier . . . sehn
Sie! . . . In der Bewegung . . .
(macht einen Schritt in der Hocke)

GATTIN *(zum Gatten)* Mach doch mal!

GATTE *(hockt sich hin)*

GATTIN Du mußt dich bewegen!

GATTE *(macht zögernd einen Schritt in der
Hocke)*

GATTIN Weiter!

GATTE *(geht in der Hocke eine Runde durch
den Laden)*

VERKÄUFER I *(kommt mit großer Tüte, Mantel, Hut
und Rechnung)* . . . So, bitte sehr . . .
die Kasse ist vorn links . . .

GATTIN Wann ist die Hose denn nun einge-
tragen?

VERKÄUFER I	Tja...
GATTE	*(hockend)* ...so etwa...
VERKÄUFER I	*(hilft dem hockenden Gatten in den Mantel)* Wie weit haben Sie's denn zu Fuß nach Hause?
GATTE	...vielleicht eine gute Stunde...
VERKÄUFER I	Dann sitzt die Hose wie angegossen!
GATTE	Ach was!
GATTIN	Komm...
GATTE	*(nimmt die Tragetasche, lüpft den Hut)*... Vielen Dank für Ihre Mühe...
VERKÄUFER I	*(verneigt sich)* Wir haben zu danken!
GATTE	*(verläßt in der Hocke gehend den Raum. Seine Gattin folgt ihm)*

Auch wenn der vorrätige Artikel nicht ganz Ihren Wünschen entspricht, gilt es, rasch zuzugreifen, ehe Sie einen leeren Gabentisch riskieren.

Bettenkauf

Ein älteres Ehepaar betritt ein Bettengeschäft, in dem drei Doppelbetten nebeneinander ausgestellt sind.

VERKÄUFER   Womit kann ich dienen?

GATTIN   Wir hätten gern ein Bett . . .

VERKÄUFER   Haben Sie da an eine Schlaf-Sitz-Garnitur gedacht mit versenkbaren Rückenpolstern, an eine Couch-Dreh-Kombination oder das klassische Horizontal-Ensemble? *(Die Gatten sehen sich verblüfft an)*

GATTE   Wir schlafen im Liegen . . .

VERKÄUFER   Ahja . . . da empfehle ich Ihnen die Kreationen aus dem Hause »Unisono« . . . Sie ruhen nebeneinander . . . oder rechtwinkelig?

GATTE   Rechtwinkelig?

GATTIN   Neinnein . . . ganz normal . . .

GATTE   . . . im Bett

VERKÄUFER   Also nebeneinander . . . parallel . . .

GATTE   Müssen wir das hier so genau . . .?

VERKÄUFER   *(geht nach links zu Bett 1)* Da haben wir das Modell »Allegro« mit doppeltem Federkern und Palmfaserauflage . . . Für das Bezugsmaterial der Matratze können Sie wählen zwischen einer imprägnierten Halbzwirnware oder gedrilltem Volon . . .

GATTE Ach . . .

GATTIN Und wie liegt es sich so?

VERKÄUFER Die Federmuffen sind einzeln aufgehängt und kreuzweise verspannt . . . also hüftfreundlich in der Seit- und Bauchlage . . . Sie dürfen gerne einmal probeliegen, ich bediene inzwischen die anderen Herrschaften . . .

GATTE Richtig hinlegen?

GATTIN Auch in Rückenlage?

VERKÄUFER Ganz wie Sie wünschen . . .

GATTIN Zieh doch die Schuhe aus!
(Die Gatten legen sich auf das Modell »Allegro«)

VERKÄUFER *(zu einem Herrn und einer Dame)* Womit kann ich dienen?

HERR Betten . . . Doppelbetten!

DAME *(kichert albern. Herr stößt sie an)*

VERKÄUFER Ruhen die Herrschaften parallel oder rechtwinkelig? *(deutet die Lage mit Handbewegungen an)*

HERR Was?

DAME *(kichert)*

VERKÄUFER Ich meine, ruhen Sie in der klassischen Doppelbettposition, oder ist die Schlafposition über Eck gestaltet?

HERR   Klassisch . . . *(zur Dame)* oder wie?

DAME   *(grinst verlegen)*

VERKÄUFER   Da haben wir hier die Doppelliege »Presto« . . . *(zeigt auf das rechte Doppelbett)* . . . Dreifacher Federkern mit Polyester-Auflage und Stützsperre . . . bei unruhigem Schlaf . . .

HERR   Wieso?

VERKÄUFER   Für den Fall, daß die Herrschaften häufiger die Position wechseln . . .

HERR   *(sieht kurz auf die Dame, die sich auf die Lippen beißt)* Sagen Sie mal . . .

VERKÄUFER   Preisgünstiger ist natürlich das Modell »Allegro«, wenn ich Sie dort herüber bitten darf . . . *(geleitet Herrn und Dame nach links zum Modell »Allegro«, in dem Gatte und Gattin zur Wand gedreht liegen)* . . . doppelter Federkern mit Palmfaserauflage und kreuzweise verspannten Federmuffen . . . also hüftfreundlich in der Seit-, Bauch- und Rückenlage . . . Sie können gern probeliegen . . . wenn diese Herrschaften . . .

GATTE Wir hätten nur eben gern noch die
Bauchlage . . .

HERR Bitte sehr . . . bitte sehr . . .
(Die Gatten drehen sich auf den Bauch)

VERKÄUFER . . . hier kann ich Ihnen noch das
Modell »Andante« zeigen, zweitei-
lig, zur individuellen Raumgestal-
tung . . . *(zeigt auf das daneben stehende Modell in der Mitte)*

DAME Da is so ne Ritze in der Mitte . . .

VERKÄUFER Ganz recht, gnä' Frau . . .

HERR *(winkt ab)* Nee-nee . . . *(zur Dame)*
Aber vielleicht sind die Herrschaften jetzt ausgeschlafen . . .

VERKÄUFER *(zu Gatte und Gattin)* . . . Sie könnten ja schon mal im Modell »Presto«
probeliegen . . .

GATTE . . . Bitte schön . . . Aber »Allegro«
bleibt in engerer Wahl!

VERKÄUFER Bitte hier herüber! Modell »Presto«
mit dreifachem Federkern und
Stützsperre!
*(Während Herr und Dame sich auf das
freigewordene Modell »Allegro« legen,
steigen die Gatten über das mittlere Bett
in das rechte Modell »Presto«)*

GATTE *(zur Gattin)* Laß es uns zunächst
mal in der Bauchlage probieren!

(Sie drehen sich auf den Bauch)

GATTIN   Ich schlafe nie auf dem Bauch . . .
(dreht sich zur Seite)

GATTE   Du sollst jetzt auch nicht schlafen!

HERR   *(liegt mit der Dame noch im Modell »Allegro«)* Also, wir nehmen dies hier!

VERKÄUFER   Sehr gern!

GATTE   Moment! Das Bett dort hatten wir zuerst belegt! Ich sagte gerade zu meiner Frau: *Hier* schlafen wir *nicht!* Herr . . . äh . . . wie ist Ihr Name?

VERKÄUFER   Hallmackenreuter . . .

GATTE   Herr Hallmackenreuter, das Modell »Allegro« war in engerer Wahl! Packen Sie das Bett ein, wir nehmen es mit!

VERKÄUFER   Gern . . .

HERR   Ich sagte gerade, das Bett ist gekauft, Herr . . .

VERKÄUFER   Hallmackenreuter . . .

GATTE   Na schön, Sie werden ja wohl zwei von der Sorte haben!

VERKÄUFER   Wir führen nur Einzelstücke . . .

GATTE   Dann fordere ich den Herrn auf, unser Bett zu verlassen!

HERR   Das fällt mir nicht im Traum ein!

GATTE Hertha . . . hör doch mal!

GATTIN *(im Halbschlaf)* Kannst du dir nicht *ein*mal *allein* Frühstück machen?

VERKÄUFER Vielleicht könnten sich die Herrschaften eventuell für das Modell »Andante« entscheiden . . . wenn Sie mal probeliegen wollen . . . *(zeigt auf das mittlere Doppelbett)*

GATTE *(zögert)*

DAME Na dann probiere *ich's* eben mal! *(macht Anstalten aufzustehen)*

GATTE Nein-nein! Herr Hackenreiter . . .

VERKÄUFER Hallmackenreuter . . .

GATTE Herr Hallmackenreuter hatte ausdrücklich *mich* aufgefordert! *(Er springt auf und legt sich in das mittlere Bett »Andante«, während die Dame davor stehenbleibt)*

DAME Er läßt mich nicht rein!

HERR Sie lassen *sofort* meine Frau in das Bett!

GATTE Ich werde jetzt die Rücken-, Seit- *und* Bauchlage ausprobieren . . . und zwar *ohne* Ihre Gattin! Hertha!

GATTIN *(schläft)*

HERR Wenn Sie nicht sofort meine Frau in das Bett . . .

GATTE Also bitte schön . . . bitte schön . . .

	(er rückt etwas)
DAME	*(legt sich neben ihn in das mittlere Bett)*
VERKÄUFER	Die Doppelliege ist zweiteilig gestaltet . . . mit Spannmuffenfederung in Leichtmetall . . .
DAME	*(probiert in rhythmischer Bewegung die Federung aus)*
GATTE	Hopsen Sie doch nicht so!
DAME	Ich kann hier hopsen, solange es mir paßt!
HERR	Meine Frau hopst, wo sie will!!
GATTIN	*(erwachend)* Fritz! . . . Was *machst* du denn da?
GATTE	Hertha, dies ist das Modell »Andante« . . . mit Spannmuffenfederung . . . Es ist in der Rückenlage etwas stramm . . . komm doch mal . . .
GATTIN	*(steht auf)*
HERR	Entschuldigen Sie, gnä' Frau, aber Sie waren an diesem Modell ja nicht interessiert! *(steigt über seine Frau und den Gatten in das Modell »Andante«)*
GATTIN	*(steigt gleichzeitig von der rechten Seite in das Modell »Andante«, so daß alle vier nebeneinander liegen)* . . . Ich habe wohl noch das Recht, mit

meinem Mann ein *Bett* auszupro-
bieren!

DAME *(kichert)*

HERR Ganz recht! . . . aber nicht *mein*
Bett! . . . Herr Heckmullenrei-
ter . . .

VERKÄUFER Hallmackenreuter . . .

HERR Das Bett ist gekauft!

VERKÄUFER Sehr wohl . . .

HERR *(zur Gattin)* Darf ich Sie bitten,
mein Bett zu verlassen!

GATTE Meine Gattin bleibt, wo sie ist . . .
Sie wollten das andere Bett neh-
men!

HERR Das wollten Sie uns ja nicht über-
lassen . . . Edith, so war's doch!

GATTE Nun rufen Sie bloß noch Ihre Frau
zu Hilfe! Wie lange sind Sie eigentlich verheiratet?

HERR Wir sind nicht verheiratet!

GATTE *(starr)* Ach . . . ach was! . . . Und
was wollen Sie dann mit einem
Doppelbett, wenn ich fragen darf?

HERR Sag's ihm, Edith . . .

VERKÄUFER Sie können die Matratzen auch in
Matrosenblau oder Moosgrün . . .

HERR Edith!

DAME *(schnarcht)*

60

GATTE Ihre Bekannte schläft . . .

HERR *(flüstert)* Das geht Sie überhaupt nichts an! *(steht auf und macht sich leise davon)*

GATTE *(flüstert)* Ich werde wohl noch feststellen dürfen, wer in meinem Bett schläft!

VERKÄUFER Ich habe hier noch . . .

GATTE *(mit Finger am Mund)* Pscht!

VERKÄUFER *(flüsternd)* Ich habe hier noch das gleiche Modell in Leichtmetall mit vernickelten Gelenkmuffen . . .

GATTE *(flüstert)* Und wie ist da der Matratzenbezug? Ich habe immer gern etwas gedeckte Töne.

VERKÄUFER *(flüstert)* Moment . . . ich schau mal nach . . .

GATTE Hertha!

GATTIN *(schläft)*

GATTE *(sieht von einer Schlafenden zur anderen. Steht auf, verläßt behutsam das Bett, nimmt seine Schuhe in die Hand und trifft auf den Verkäufer)* . . . Ach, wenn meine Frau aufwacht, nimmt sie gern eine Tasse Tee mit etwas Gebäck . . . *(geht auf Strümpfen leise hinaus)*

Moderne Behaglichkeit ist kein leeres Wort mehr, seit das ›Trauma-Raumspar-Bett‹ seinen Siegeszug durch die Schlafzimmer der Welt angetreten hat.

Frühstück und Politik

Ein Ehepaar sitzt beim Frühstück.

SIE Wir müssen Blöhmeiers mal wieder zum Essen einladen . . .

ER Mhmm . . . aber dann müssen *wir* ja wieder zu *Blöhmeiers* . . .

SIE Nein, erst müssen wir zu Müller-Lüdenscheids . . .

ER Da waren wir doch gerade . . .

SIE Liebling, wir waren bei Koops . . .

ER Ach, dann müssen Koops wieder zu uns . . .

SIE Wir sehen ja Koops nächste Woche bei Melzers . . .

ER . . . Ohne Blöhmeiers?

SIE Die sind an dem Abend bei Müller-Lüdenscheids . . .

ER Warum waren denn Blöhmeiers neulich nicht mit bei Melzers?

SIE Wieso bei Melzers?

ER Äh . . . bei Koops . . . warum waren sie denn nicht mit bei Koops?

SIE Blöhmeiers hatten doch *Melzers* zum Essen . . .

ER . . . und wann müssen *wir* zu Melzers?

SIE Erst müssen *Blöhmeiers* zu *uns* . . .
(Pause)

ER Was sagen eigentlich Melzers über Blöhmeiers?

SIE Frau Melzer sagt, Frau Blöhmeier ist eine intrigante Ziege . . .

ER . . . und Frau Melzer ist ein altes Klatschmaul . . .

SIE Na, und was Herr Koops Herrn Blöhmeier über Frau Müller-Lüdenscheid gesagt hat . . .!

ER Ha! – Weißt du eigentlich, was Strauß über Brandt gesagt hat?

SIE Nee . . .

ER Strauß hat gesagt: Brandt ist ein linker Schmierenkomödiant . . .

SIE Nein! Das hat er nicht gesagt!

ER Doch, hat er gesagt! . . . Und Brandt hat gesagt: Strauß ist ein politischer Umweltzerstörer . . .

SIE Denen sollte man doch . . .

ER Liebchen, du siehst das falsch . . . Sieh mal, die Parteiprogramme sind nicht leicht zu unterscheiden, und da sind die Politiker übereingekommen, gegenseitig ihre charakteristischen Merkmale herauszuarbeiten . . .

SIE Ah ja, das gibt es ja auch in anderen Berufen: Killer-Emil, Narben-Ede . . .

ER . . . und ein Schmierenkomödiant ist eben doch was ganz anderes als ein Umweltzerstörer . . . da fällt die Wahl einfach leichter . . .

SIE Hoffentlich finden die Politiker füreinander noch viele solcher Bezeichnungen . . .

ER Aber ja . . . Wehner könnte sich schon was ausdenken für die Herren Kiep und Albrecht. Vielleicht: »Die Provinzköter an der Leine . . .«, und die könnten ihn dafür dann »Rote Ratte« nennen . . .

SIE Das klingt auch heiter und verletzt nicht . . .

ER Ich nehme an, daß man die Parteien als Ganzes auch etwas farbiger herausbringt: »Die grüne Jauchegrube« zum Beispiel . . . oder »die liberalen Stinktiere« . . .

SIE Da kann man sich doch wenigstens was drunter vorstellen . . .

ER Und was könnte man für die SPD . . .

SIE »Gottlose Vaterlandsverräter« . . .

ER Gut! . . . Und die CSU?

SIE »Die schwarze Pest« . . .

ER *(Die Marmeladensemmel schnellt ihm aus der Hand. Er beschmiert sich das Gesicht)*

SIE Du ißt wie ein Schwein!

ER Wie bitte?

SIE Wie ein Schwein!

ER Monika!

Bescheidenen familiären Ansprüchen genügt eine
einfache Laubsägearbeit, die auf ebenso originelle
wie eindringliche Weise ein kurzweiliges Abend-
programm vermittelt.

Eheberatung

Herr und Frau Blöhmann, ein Ehepaar um die 50, betreten das Sprechzimmer der Psychotherapeutin. Herr Blöhmann klopft an den Türrahmen. Frau Dr. K. sitzt an ihrem Schreibtisch und weist auf zwei davor stehende Stühle.

FRAU DR. K.	Bitte, nehmen Sie doch Platz ...
EHEPAAR	*(setzt sich)*
FRAU DR. K.	Mein Institut ist bemüht, den Ehegatten bei der Überwindung einer kritischen Phase auf psychologischem Wege behilflich zu sein und körperliche oder geistige Kontaktschwächen auszugleichen. Wunder vollbringen wir nicht!
HERR BLÖHMANN	Ach ...
FRAU DR. K.	Wo liegen Ihre Schwierigkeiten, schwerpunktmäßig?
FRAU BLÖHMANN	Na, wenn *Sie* das nicht wissen ...
HERR BLÖHMANN	Wir hatten eigentlich gedacht, daß wir von Ihnen da irgendwas ... wir kommen immerhin von auswärts ...

FRAU DR. K.   *(notiert etwas)* . . . Und Ihre Lieblingsfarbe?

FRAU BLÖHMANN   Weiß . . .   Schaumolweiß . . . das ist noch etwas weißer als weiß . . .

FRAU DR. K.   . . . Und Herr Blöhmann, Ihre Lieblingsfarbe?

HERR BLÖHMANN   Grau . . . aber nicht *so* grau . . . mehr grüngrau . . . ins Bräunliche. Ein Art Braungrau . . . mit Grün . . . ein Braungrüngrau . . .

FRAU DR. K.   *(notiert)* Braungrüngrau . . .

HERR BLÖHMANN   Es schadet auch nichts, wenn es ein bißchen ins Bläuliche hinüberspielt, Hauptsache, es ist grau . . .

FRAU DR. K.   *(notierend)* Danke . . .

HERR BLÖHMANN   . . . Braungrau . . .

FRAU DR. K.   Vielen Dank, Herr Blöhmann . . .

HERR BLÖHMANN   Etwas Rot könnte auch anklingen . . .

FRAU DR. K.   Das genügt, Herr Blöhmann!

HERR BLÖHMANN   Ein Braunrot . . . im ganzen Grau . . .

FRAU DR. K.   Jaja . . .

HERR BLÖHMANN   Also ein grünlich-blaues . . . Rotbraun-Grau . . .

FRAU DR. K.   Es kommt nicht *so* genau darauf an, Herr Blöhmann . . .

HERR BLÖHMANN   Doch-doch, Sie sehen nachher in so einer Tabelle nach, und da steht dann bei »Grau«: Herr Blöhmann schlägt seine Gattin oder etwas Ähnliches . . .

FRAU DR. K.   Herr Blöhmann, ich versichere Ihnen . . .

HERR BLÖHMANN   Nein-nein, ich kenne diese modernen psychologischen Tricks . . .

FRAU DR. K.   Herr Blöhmann . . .

HERR BLÖHMANN   Man sagt irgendeine Farbe, und schon wird man schuldig geschieden!

FRAU DR. K.   Ich möchte zunächst nur . . .

HERR BLÖHMANN   . . . Aber haben Sie bemerkt, wie oft meine Frau ihre Handtasche auf- und zuknipst und hineinguckt . . . Haben Sie das bemerkt? Ja? Wie? Was? . . . Nein! Natürlich nicht!

FRAU BLÖHMANN   Ich hätte . . .!

FRAU DR. K.   Herr Blöhmann, Ihre Gattin kann ihre Handtasche auf- und zuknipsen und hineinsehen, so oft sie will!

FRAU BLÖHMANN	Siehste . . . *(guckt in die Handtasche und knipst sie zu)*
HERR BLÖHMANN	Aber nicht 8mal in 6 Minuten . . .
FRAU BLÖHMANN	Siehste . . . siehste . . . siehste . . . *(knipst und guckt)*
HERR BLÖHMANN	Das sind im Jahr fast 350 000mal geknipst und geguckt . . .
FRAU DR. K.	Herr Blöhmann, vielleicht, daß *Sie* bei *sich* auch öfter mal irgendwas auf- und zumachen?
FRAU BLÖHMANN	Siehste . . . *(knipst und guckt)*
HERR BLÖHMANN	Ja-ja, aber ich gucke nicht jedesmal hinein, nicht wahr!
FRAU DR. K.	Darf ich jetzt in der Untersuchung fortfahren?
BLÖHMANNS	*(gleichzeitig)* Bitte sehr . . .
FRAU DR. K.	Ich zeige Ihnen jetzt . . .
FRAU BLÖHMANN	*(knipst und guckt)*
FRAU DR. K.	Frau Blöhmann, würden sie jetzt *einmal* das Knipsen und Gucken unterlassen!
HERR BLÖHMANN	Siehste . . .
FRAU DR. K.	Ich zeige Ihnen jetzt ein Bild . . .
HERR BLÖHMANN	Siehste . . .
FRAU DR K.	Ich zeige Ihnen jetzt ein Bild, und Sie sagen mir, was es darstellt. *(läßt Rouleau nach oben.*

Das Rubenssche Gemälde »Der Raub der Töchter des Leukippos« wird sichtbar) Zuerst Herr Blöhmann, bitte.

HERR BLÖHMANN *(mit halbgeöffnetem Mund das Bild betrachtend)* Tja . . .

FRAU DR. K Was sagt Ihnen das Bild . . . ganz kurz . . .

HERR BLÖHMANN Reiter . . . zwei Reiter . . . und Pferde . . .

FRAU DR. K. Sonst nichts?

HERR BLÖHMANN Nein . . . ach ja . . . zwei Damen . . .

FRAU DR. K. Reiten die auch?

HERR BLÖHMANN Nein . . .

FRAU DR. K. Ihr Gesamteindruck . . .

HERR BLÖHMANN Zwei Herren . . . geben zwei Damen . . . Reitunterricht . . .

FRAU DR. K. *(notierend)* . . . und Frau Blöhmann, sind Sie anderer Meinung?

FRAU BLÖHMANN Ja . . . das ist mehr so Urlaub . . . Abenteuerurlaub . . . mit Reiten . . .

HERR BLÖHMANN Die Herren sind den Damen irgendwie behilflich . . .

FRAU DR. K. Herr Blöhmann, helfen *Sie* Ihrer Gattin gelegentlich?

HERR BLÖHMANN	Wir reiten nicht . . .
FRAU BLÖHMANN	Wir haben einen Wellensittich, ein entzückender kleiner Kerl . . . ich glaube, ich habe das Farbfoto mit . . .
FRAU DR. K.	Frau Blöhmann, Sie *lassen* jetzt Ihre Tasche zu!
HERR BLÖHMANN	Wie reden Sie denn mit meiner Frau?
FRAU BLÖHMANN	Ich wollte Ihnen nur eben Spatzis Farbfoto zeigen . . .
FRAU DR. K.	Ihr Wellensittich interessiert jetzt nicht!
HERR BLÖHMANN	Ach was!
FRAU BLÖHMANN	Er gibt mir jeden Morgen einen Kuß . . .
FRAU DR. K.	Herr Blöhmann, küssen *Sie* Ihre Gattin gelegentlich?
HERR BLÖHMANN	Weniger . . .
FRAU DR. K.	Warum nicht?
HERR BLÖHMANN	*(sieht seine Frau an)* . . . Es ist zeitlich immer etwas ungünstig . . .
FRAU DR. K.	Und Sie, Frau Blöhmann?
FRAU BLÖHMANN	Mein Gott, ich habe auch meinen Haushalt . . .
FRAU DR. K.	Ah ja . . . Herr Blöhmann, darf ich Sie bitten, Ihre Gattin zu küssen . . .

HERR BLÖHMANN	Was ist los?
FRAU DR. K.	Der Kuß als Ausdruck menschlich-ehelicher Beziehung ist zur Behebung einer chronischen Kontaktschwäche von großer Bedeutung . . . bitte, küssen Sie jetzt Ihre Gattin . . .
HERR BLÖHMANN	Wohin?
FRAU DR. K.	Wo Sie wollen . . .
FRAU BLÖHMANN	*(öffnet die Tasche, betupft ihren Mund mit dem Taschentuch)*
HERR BLÖHMANN	*(nach einem Blick auf seine Gattin)* Nein . . . neinein . . .
FRAU DR. K.	Dann müssen wir die Grundformen des Kusses ganz neu erarbeiten . . . *(stellt einen Kunststoffkopf, der auf einer Spirale leicht hin und her pendelt, vor Herrn Blöhmann)* . . . Sie nähern sich dem Partnermodell auf etwa 8 bis 12 Zentimeter und sagen »Hallo Schatz« . . . dann berühren Sie mit den Lippen die Mundpartie . . .
HERR BLÖHMANN	Hallo Schatz . . . *(küßt den Kußkopf)*
FRAU DR. K.	Mehrmals bitte. *(Herr Blöhmann küßt)* . . . Frau Blöhmann, Sie

sollten Ihren Gatten öfter mal mit einer hübschen Bluse überraschen, einem anderen Lippenstift oder mit einer neuen Frisur ... Das genügt, Herr Blöhmann ... bitte Frau Blöhmann ...

FRAU BLÖHMANN Auf'n Mund?

FRAU DR. K. Sie verhalten sich ganz passiv ... Sie *lassen* sich küssen *(biegt den Kopf mit der Spirale zurück, so daß er mehrfach auf die Lippen von Frau Blöhmann schnellt)*

HERR BLÖHMANN Was kostet denn so ein Gerät ...

FRAU DR. K. Das ist im freien Handel nicht erhältlich ...

HERR BLÖHMANN Auch nicht gebraucht?

FRAU DR. K. Nein ...

HERR BLÖHMANN Ach ...

FRAU DR. K. So ... für heute ist es genug ...

FRAU BLÖHMANN Einmal noch!

FRAU DR. K. *(setzt es noch einmal in Bewegung)* ... Und nun üben Sie daheim weiter ... der leichte Kuß aus der Grundhaltung ... aneinander-miteinander ... täg-

78

lich dreimal ... *(Alle gehen zur Tür)*

HERR BLÖHMANN Vor oder nach den Mahlzeiten?

FRAU BLÖHMANN ... Komm jetzt!

FRAU DR. K. *(schließt die Tür, geht auf den Kußkopf zu, wirft sich über ihn und küßt ihn leidenschaftlich)*

Daumenlutschen ist etwas Natürliches, etwas
Schönes und Unschädliches.

Loriot's Kleiner Opernführer

Dieser Band vereint 42 Opern, fast vollständig erzählt, sowie Texte und Zeichnungen rund um die Oper – Loriots (fast) ganz private Liebeserklärung an die Oper im allgemeinen und Wagner im besonderen.

»Sie hat mich nie geliebt«, klagt der König von Spanien. Er meint Elisabeth, die Verlobte seines Sohnes, der seinerseits eine Prinzessin Eboli nie geliebt hat, die ihn jedoch liebt, wohl weil der König sie nie geliebt hat. Wie hier in Verdis *Don Carlos* sind Opernhandlungen oft so komplex und das sie bestreitende Personal ist so zahlreich, daß der unvorbereitete Zuhörer sich darin zu verlieren droht. Da ist es gut, die Texte von Loriot zur Hand zu haben – als einziger hat Loriot das Kunststück geschafft, Richard Wagners 16 Stunden dauernden *Ring des Nibelungen* auf einen Abend zu komprimieren. Und auch aus den kürzeren Bühnenwerken von Mozart, Puccini, Verdi, Händel, Rossini, Saint-Saëns u. a. weiß er zuverlässig die Essenz herauszufiltern.

»Loriot ist Deutschlands erfolgreichster und nobelster Humorist. Sein Ruhm, seine phantastische Popularität sprechen nicht nur für ihn, sondern bedeuten eine tröstliche Rechtfertigung des vielgelästerten Publikumsgeschmacks.«
Joachim Kaiser / Süddeutsche Zeitung, München

»Loriot ist nationales Allgemeingut wie Schiller und Goethe.« *Die Weltwoche, Zürich*

Reinhart Lempp
im Diogenes Verlag

»Lieber Lempp,
ich habe Ihr Buch in einem Zug gelesen. Es hat mich
höchlichst amüsiert, Ihre vernünftigen Ansichten zu
erfahren. Und die lustigen Zeichnungen sorgen mit
dafür, daß das Ganze nicht langweilig wird… wie die
meisten Psychologie-Werke sonst. Sie müssen ein un-
gewöhnlicher Professor sein. Ihr Buch versteht das
Leben und beweist, was ich immer sage: Psychologie
bedeutet nichts weiter als gesunden Menschenver-
stand. Vielen Dank für Ihr wunderbares Buch. Ich be-
komme so viele langweilige, tote Bücher, die ich gar
nicht lesen kann. Sie und ich haben die Gabe, unkom-
pliziert zu schreiben.
Herzlich
Ihr *A.S. Neill, Summerhill*«

Reinhart Lempp, 1923 in Esslingen geboren, war Lei-
ter der Abteilung für Jugendpsychiatrie und -neurolo-
gie an der Universität Tübingen, lebt in Stuttgart.

Kinder für Anfänger
Mit Zeichnungen von Loriot

Eltern für Anfänger
Mit Zeichnungen von Loriot

Enkel für Anfänger
Mit Zeichnungen von Loriot

Kinder können nerven
Ein Handbuch für gestresste Eltern
Über Familie, Schule und Gesellschaft

Sempé
im Diogenes Verlag

Jean-Jacques Sempé wurde am 17. August 1932 in Bordeaux geboren. Mit 19 fand er zu seinem Beruf, Zeichner, obschon er damit auf Traumberufe wie Jazzmusiker, Dirigent oder Fußballspieler verzichten mußte. Seine Zeichnungen erschienen in vielen Zeitschriften. Er lebt seit langem in Paris. Unumgänglich ist es, zusammen mit Sempé Namen wie René Goscinny, Patrick Modiano und Patrick Süskind zu erwähnen. Ohne sie wären Figuren wie die kleine Tänzerin Catherine, Herr Sommer und vor allem der kleine Nick undenkbar.

»Als einfühlsamer Menschenbeobachter zeigt er ironisch-melancholisch die Mißverhältnisse von Mensch und übertechnisierter Hochhaus- und Autokultur auf, macht die Gegensätze des friedlichen Bürgers und des bedrohlichen Großstadtrummels, das kleine Glück des Einzelnen und das konsumdiktierte der Gesellschaft sichtbar. Er zeichnet die großen Sehnsüchte, aber auch die Schwächen der Menschen und ihre eingeengten Möglichkeiten. Sein Humor entsteht meist aus dem Zusammenprall zwischen einer unpersönlichen Konsumwelt und dem von ihr erfaßten Einzelnen. Diese bewegt graziösen, zugleich distanzierten Bilder erteilen keine Botschaft, predigen keine Moral, sondern bringen den Betrachter zum Schmunzeln und stimmen ihn nachdenklich.« *Mirjam Morad / Wiener Zeitung*

Benjamin Kiesel
Aus dem Französischen von Anna
Cramer-Klett (vorm.: *Carlino Cara-
mel*)
Auch als Diogenes Hörbuch erschie-
nen, gelesen von Nikolaus Heidelbach

*Das Geheimnis
des Fahrradhändlers*
Deutsch von Patrick Süskind

Monsieur Lambert
Deutsch von Anna Cramer-Klett

Schöne Aussichten
Deutsch von Anna Cramer-Klett

Sempé's Paris

Sempé's Musiker
Veränderte und stark erweiterte Neu-
ausgabe

Heiter bis wolkig
Deutsch von Anna Cramer-Klett

Für Gartenfreunde

Sempé's Frankreich

Für Bücherfreunde

Für Romantiker

Kinder, Kinder!

*Mit vorzüglicher
Hochachtung*
Deutsch von Patrick Süskind

Außerdem erschienen:

Patrick Süskind
*Die Geschichte
von Herrn Sommer*
Mit Bildern von Sempé
Auch als Diogenes Hörbuch erschie-
nen, gelesen von Rufus Beck

Philippe Caubert
Alle meine Freunde
26 Porträts. Illustriert von Sempé.
Aus dem Französischen von Hans
Georg Lenzen